JN150750

FRANÇOIS COUPERIN

クラヴサン奏法

山　田　　貢　訳

シンフォニア

François Couperin

L'ART
De toucher Le Clavecin

目　次

参照譜例

“クラヴサン奏法”について

クープランには、二冊の理論書がある。一つはゲネラルバスに関する本、Regles pour l'accompagnement〔169？〕で小部ながらイタリア音楽の最先端を学びえた若いクープランの面目がうかがわれる。もう一つが本書である。これは教則本としてクープランが世界最初のものと自負するものであるが、体系的に計画されたものとは言い難く、時に応じて思い浮んだ注意書きを羅列していったものと理解してよさそうである。がっちりした序文という点では、ラモー J.P'h.Rameau の方が上であろう。

音楽に生きた一人の人間の表わしたものとして見るとき、この教則本は多くを語り始めるにちがいない。先ず、椅子の位置、高さにはじまる坐リ方の書きはじめは良いであろう。ところが、弾き方についての言及の少ないことでは、手とリ足とりの親切さで教えるピアノ時代のものと比べると何と異なることであろう。我々は、無論、ピアノとの対比においてクラヴサンを見ることに慣れているが、クープランがそれをしないことを責めてはならない。ピアノが無い時代の出来事であるからである。

我々が後世の教則本で知っているレガート奏法についてクープランは黙している。例えば、かぶせの原則〔ラモー、デュフリ Duphly など〕、Abzug（アップツーク）〔指を湾曲させて手前に引きながらキーをはなす、それによって音の語尾が美しくなるとバッハの演奏からフォルケル Folkel が伝えている〕もない。同じキーの上で指替えをする方法、そして〈新しい〉3度の弾き方は確かにレガートを目指したものといえるが、上記のものへの説明をクープランが省いた理由は、秘密主義のためか、或いは、全く自明の理であるのかは、私には分らない。

〈楽器の調子に敏感であれ〉という忠告は、今日同様、彼が書かなければならなかったものである。〈このキー、変です〉〈音がでません〉という質問には、クープランはどう答えたのであろうか。〈楽器への無神経が、悪い演奏の基礎である〉と皮肉たっぷりに彼は言っている。

以下、項目別に気付いた点を述べてみよう。

指使い：クープランの表わした新しい指使いは、ペアになった二つの音をつなげることに向けられているのであって決して後の時代のそれの様に〈完全補装—全くの平坦化〉を目ざしてはいない。そうしてしまうこと程、彼の言うところのカダンスの理念にたがうものはない。強弱を時間的長短をもって処理しようとしたのがルーリー Loulie 1696によって論説のはじまる不均等性 Inêgalite の主眼なのである。ある時、ルービンシュタインが博物館を訪れてクラヴィコードを、こともあろうに、〈英雄ボロネーズ〉で試奏した時、〈弾けない〉という冷笑だけが聞かれた。彼と古い楽器のめぐりあいはそれだけで終ってしまったという一つの逸話であるが、このクープランの指使いも十七、八世紀の音楽、或いは、クラヴサンでひくという限定の中で価値がある。ピアノ時代にはなじみの無いこの指使いは、遡ってみればクープランの間接的な先輩、ジョン・ブル John Bull から流れでているとも主張できる。そして、同時にクープラン風の指使いはバッハの小前奏曲に示された彼自身の指使いによって関連を絶たれているとは言うものの、大部分のものは、却ってこの古いクラヴサンの指使いによって、一層の生気と独特のリズムを得ると思う。バッハの指使いは非常に現代的である。何故であるかは作曲法にも関係することであるし、彼の用いた鍵盤がピアノと同じサイズであったということからもきている。同時代のフランスの楽器では、シャープ・キーの谷間でナチュラルキーを弾くことは、指の太い人には全く不可能であった。楽器の人間工学的適応と進歩の問題を軸に、指づかいの扱いは誠にクラヴサン的に微妙である。

装飾音：クープランの記譜は独特で、同時代人たちのそれの様に、拍にはめ込まれて説明されていないために、これを読む人に、装飾音は時間の前に出てよいのではなかろうかという疑念を与えるものであるが、この疑いは勿論彼の言葉によって打ち消されている。

□ tremblement lié は、例えばプレリュード2の第四小節にあらわれる。そこでgについたトリラーの開始音aは、前のaにタイされる。第十二小節の左手、第三～四拍でははっきり pince lie と読みとれる。同様な状況がバッハの小前奏曲ニ短調に見られるのは偶然ではないであろう。

□ 後打音として登場する小音符がどうして accent と呼ばれたのかは、はっきりしない。ただ、ドミナンテの保持の中で解決への期待の大きくなっている所へ入る音〔先取音のこともある〕が強いことは確かである。
点のついたスラーの後の音は少し長くなる。第六組曲 Les Moissonneurs に出てくる。

□ 表にないもの　　これは、クープラン流に言えば、tremblement et double とでもなろうか。後打音付きトリラーと解してよいであろう。テンポに応じて六～八音で構成される。これは、tremblement ouvert の別記号とみてもよい。クープランが、音が上って行くトリラーを tremblement ouvert 〔訳注：開いたトランブルマン〕、下って解決するトリラーを tremblement fermé と呼ぶにつけては、両者の機能的な相異を意識したのであろうか。とりわけ、スピードのかけ方とか停止点の有無について、私は彼の意図を探ろうとしたが、理論的には解き明かすことはできないものである。もっぱら〈良い趣味〉bonne goût の領分であるから。

□ 音符の長さに関する装飾、音符の前の躊躇 suspension は聴き手の期待を増大させる心理的奏法である。同様に、音符を切り上げること aspiration も、〝そんなことがあってよいのだろうか〞と聞き耳を立てさせるような、そして、その直後の辻つまによる安堵と承服という意味で巧妙なものと言える。クープラン以前のリュテニスト達が実際に行ったものであろうが、名称をつけて一つの装飾として位置づけたのはクープランである。シュスパンシオンという名から、これを和声学でいうところの掛留と混同しないよう注意しなければならない。要するに、このような時間をあやつる装飾は、クラヴサン上のメロディーに入り込み易い堅さとべったりした感じを取り除くために本質的に必要なものである。

□ ユニゾン　スピネットや一つの鍵盤でひく時の注意信号という他にどんな意味があるのであろうか。

クープラン自身が全く無頓着に多義な用語を連発している。彼の pincé double とターンとしての double とは全く別物である。彼の文中の cadence と譜例の所に書いた cadence とは別の意味内容のもので、前者は微妙なリズム〔動き〕と受けとれるであろうし、後者は終止形の意味である。

楽器：クープランの生涯中フランスの楽器制作は最盛期をめがけて登りつゝあった。十七世紀には Jean Denis、V.Tibaut など、十八世紀初めには clavecin brisé 〔旅行用組立式クラヴサン〕の作者として知られる Jean Marius などがいたが、何と言っても従弟の子 Armand Louis Couperin の結婚で親戚となった楽器作り Blanchet 家のものが、当時の第一級品で通っていた。それに、亡くなったクープランの部屋には、ニス塗の足をもった Blanchet 製の大きなクラヴサンが残されていた。もう一つの可能性は、組曲の中の題名にもなっている Sebastian Garnier の楽器であろう。

資料：自筆譜は残っていないので、パリ国立図書館所蔵の1717年版に拠った。
ハ音記号は現代のト音記号に書き直し、音尾の方向も常に符幹の右側に置くよう統一した。
クープランのリズム記譜上の独特なくせ〔不完全さと呼べるもの〕は、なるべく訂正しない様にしたが、第二プレリュードに於て六本の連鉤をもってあらわされている一連の速い音符のような極端なものは改訂した。
楽器の名称は、フランスの〈クラヴサニストたち〉という言葉のあるところから〈クラヴサン〉という呼び方に統一した。
本書中の前奏曲は、〈クラヴサニストたち〉の習慣に従って、彼の組曲〔オルドゥル〕から調の同じものを適当に選んで組み合わして用いることができることを述べておこう。又、クープランの non mesuré を理解するために、例えば、伯父ルイ・クープランに数多くある白音符だけで書かれたプレリュードに親しんでみることも必要であろう。

クープランがクラヴサン曲集第一巻及び第二巻から引用した譜例については、読者の便を図ってその全曲を掲載した。クラヴサン曲集第一巻及び第二巻は、パリ国立図書館所蔵の Pièces de Clavecin, Premier Livre, 1713, Second Livre de pièces de Clavecin に拠った。

“誰か外国人のために我々の言葉を翻訳し〔その理解に立って〕フランスの器楽の優秀性を自ら判断できるようにするための労をいとわぬ者がいないであろうか”というクープランの言葉に元気づけられて、私はこの翻訳に手をつけた。本書によって、今後、一層、フランスの器楽の理解が深まることを望んでやまない。

昭和50年12月

山　田　　貢

まえがき

本書に述べるメソードは、独特なもので、数の学問にすぎない楽譜とは何の関係もない。しかし、私が本書で例をあげて説明しながら取扱うのは、なによりもまず、クラヴサンをうまくひくための方法である。私は、〔この楽器にふさわしいスタイルについての〕いくつかの概念を名演奏家達に認めてもらえる程度に、又名演奏家たらんとしている人達の助けになる程度に、はっきり述べることができたと思う。文法から詩歌の朗読に至る道が長いように、楽譜から立派な演奏に至る道もはてしない。
私は、演奏に熟達した人々が私の真意をとりちがえることがあろうなどと懸念する必要はない。私は、たゞ、人々がすなおであって、その人々が持つかも知れない偏見をすててくれればよいと思うだけである。いずれにしても、私がすべての人にはっきり言っておきたいのは、私の曲を立派に演奏するため、本書に書いてある法則が絶対に必要であるということである。

本メソードの構想

姿勢――両手のこなし――演奏で用いられる装飾――よい演奏に欠くべからざる小準備練習――正しいフィンガリングについての注意〔私の2巻のクラヴサン曲集の中の多くのパッセージについて〕――8つのいろいろなプレリュード〔私がそうあるべきであると仮定した上達の度に応じて、やさしい順に並んでおり、フィンガリング と よい演奏のための注意が書きこんである〕、以上が本書の内容である。

幾人かの非常にすぐれたクラヴサン奏者達が、私の曲の演奏技法と演奏スタイルについて、忌憚なく繰り返し質問してくれたが、その人達の謙虚な態度に接すると、私の曲がいつも好評だったパリや、他の地方や、外国の人達に、私がよい演奏のための確実な方法を提供すれば、きっと喜んでくれるだろうという気になる。私は、この教則本を、私のクラヴサン曲集第一巻と、出版されたばかりの第二巻の間に置くことに決めたが、それは、以上のような理由によるのである。

私の2巻のクラヴサン曲集の作品を演奏する人達の便宜のために、私は、特にはっきりしない箇所には、説明と運指法をつけるつもりである。これらの例からは、いろいろ応用すれば、他の場合にも役に立つ結論を引き出すことができるであろう。子供がクラヴサンを始める年令は、6才から7才が適当である。だからと言って、それ以上の年令では駄目だという訳ではない。しかし、クラヴサンの練習のために手の形をきめ、手をきたえるには、もちろん、早いにこしたことはない。また、この練習には、上品さということが必要であるから、姿勢の話から始めなければならない。

正しい高さに腰かけること。ひじの下側、手首、指が同じ高さでなければならない。従って、椅子は、以上の規準に合うものを選ばなければならない。

子供の場合には、成長の度に応じて、高さのちがう踏台を足の下に置いてやることが必要である。そうすれば、足がぶらぶらせず、バランスのとれた姿勢になる。

大人の場合、鍵盤との距離は、腰〔ウエスト〕から大体25cmで、子供の場合には、身長に応じて、それより短い。

身体の中心を、クラヴサンの中心におかなければならない。

クラヴサンに向ってすわる場合には、身体を少し右向きにして、両膝をあまりくっつけすぎないようにする。両足は、そろえて並べておくが、特に、右足を心もち外側に向けておくとよい。

しかめ面をするくせは、スピネット、又は、クラヴサンの譜面台の上に鏡をおいてなおすことができる。

演奏中、片方の手首が高くなりすぎる人がいるが、私が見つけた唯一の矯正方法は、次のようなものである。即ち、誰かに小さくてしなやかな棒の片方の端を、高くなる方の手首の上に、他方の端をもう一方の手首の下に渡してささえてもらう。反対の手首が上る場合には、逆にする。しかし、この棒が演奏者を拘束するようになってはならない。こうすれば、この欠点は、だんだんなおる。この発見は、私には非常に役に立った。

頭、身体、足で拍子をとるのは、よくないし、恰好も悪い。クラヴサンの前では、ゆったりした姿をしていなければならない。あまり一点を凝視しすぎたり、あらぬ方をぼんやり眺めたりしてはいけない。要するに、そこに集った人達がいれば、その人達だけに意を用いているといった風に彼等を見ているのがよい。この忠告は、楽譜なしで演奏する人達のためであることは勿論である。

習い始めの子供達のためには、最初、スピネットを用いるか、又は、クラヴサンの一段の鍵盤だけを用いるようにし、前者にしても後者にしてもジャックの爪が非常に軽く弦をはじくように調整しなければならない。これは、非常に大切なことである。というのは、よい演奏は、力よりも指のしなやかさと自由な動きによることが多いからである。従って、子供に最初から2段の鍵盤をひかせると、レギスターの集まった重いキーをならそうとして、小さい手が必ず緊張し、そのために、手の位置がわるくなり、演奏のタッチが堅くなるからである。

やわらかいタッチというものは、指をできるだけ鍵盤に近づけておくことが前提である。〔経験を引き合いに出すまでもなく〕高いところから指をおろすと、鍵盤に近いところからおろす場合より、かわいた音が生れ、ジャックの爪が、弦から一層かたい音を発すると考えることは理屈に合っている。

レッスンのはじめの内は、先生の居ないところで子供に練習させない方がよい。というのも、子供達は注意が散慢なので、自分から、きめられた通りに、両手を動かすことができないからである。そのため、私は、子供に最初のレッスンを与える場合には、用心のために、レッスンに使った楽器に鍵をかけて、その鍵を持ち歩くことにしている。私の居ない間に、せっかく私が45分間、非常に注意深く教えたことを彼等が全部たちまちにして、だいなしにしてしまわないようにするためである。トランブルマン tremblement、パンセ pincé、ポール・ドゥ・ヴォワ port-de-voix のような慣用の装飾の外に、私はいつも生徒達にちょっとした指の練習、即ち、いくつかのパッセージや、いろいろなアルペジオの練習をさせてきた。私は、最も簡単で、最もやさしい調からはじめて、だんだん動きの速い曲や、むずかしい調をひきこなせるように指導した。この小練習は、必ずしも充分多様なものにできなかったが、一方では、いつでも、素材として役立てることができ、又、いろいろな機会に応用のきくものである。私は、あとで装飾について述べてから、この小練習から二、三の例をあげるが、他の練習がどんなものかは、その例をもとにして想像することができる。

始めるのがおそい人や、悪い先生についていた人が注意すべきことは、腱が堅くなってしまっているかも知れず、又、悪いくせがついてしまっているかも知れないので、クラヴサンにすわる前に、自分で指をやわらかくするか、誰か他の人に指をやわらかくしてもらわなければならないということである。即ち、指をいろんな方向に引っぱってのばすか、のばしてもらうかしなければならない。その上、こうすると、気持が生き生きしてきて、一層自由な気分になる。

フィンガリングは、よい演奏に非常に大切なものである。しかし、私が、自分自身考えていること、私が生徒に練習させることを説明するためには、注意や、さまざまな例を盛った一巻を要するので、本書にはその大要を述べるにとゞめる。ある一つの歌、ある一つのパッセージが、演奏ひとつで、音楽のわかる人の耳には、全くの別物に聞えることは疑う余地はない。

反省　I

ある指では、他の指でよりも、トランブルマンやポール・ドゥ・ヴォワが上手にひけない人が多い。そのような場合、練習につぐ練習によってその指をなめらかにすることを怠ってはならないというのが私の忠告である。しかし、同時に、上手な指はますます進歩するので、旧来のフィンガリングのことは考えずに、下手な指よりもむしろ上手な指を優先的に使う方がよい。旧来のフィンガリングは今日の演奏には不向きであるから、やめなければならない。

反省　II

子供には、いくつかの曲がひけるようになるまで楽譜を教えはじめてはならない。楽譜を見ながら指がもたつかないようにしたり指使いが間違わないようにすることは、子供の場合ほとんど不可能である。装飾はうまくいかなくても、暗譜でやっていると、記憶力が非常によくなる。

反省 III

ある程度完成の域に達したいと思う男性は、荒い手仕事をしてはならない。これに反して、女性の手は、一般的に言って、男性の手より都合がよい。前述の通りよい演奏には力よりも腱のしなやかさがはるかに大切である。私はこのことを、女性の手と男性の手のちがいに即して証明できる。そして、更に、男性の左手は、何かする時にほとんど使われることがないので、クラヴサン演奏の際、一層しなやかに動くのが普通である。

反省 IV

ここまで読んできた人は、私が、子供達には、まず鍵盤の音名を教えなければならないという前提に立っているということに疑問をさしはさまないと思う。

私は、このメソードに関して〔私の習慣は別にして〕両手とも、親指を1として、順に数えることにする。従って、指には次のように数字をつける。

左手	5	4	3	2	1	右手	1	2	3	4	5
	小指	薬指	中指	人さし指	親指		親指	人さし指	中指	薬指	小指

これから説明しょうと思うが、フィンガリングに疑問のある私の曲の多くの部分を繰り返す場合、この数字をのみこんでおけば便利である。同一の音符をひく際に指を交換することが如何にためになるか、又、その指の交換が演奏に当って、どんなにかレガートを生むことになるか、それは実際にやってみて初めてわかるであろう。

クラヴサンの音は一定しており、従ってそれを大きくしたり小さくしたりすることはできないので、クラヴサンという楽器に魂をこめることが可能であるという主張は、今日までほとんど支持されたことがなかったようである。しかし、私は、神が私に授けてくれた、とるに足らぬ天賦の才能を鍛練してきたその努力によって、私の演奏をきいてくれる高尚な趣味をもった人達の心をとらえ、そして、恐らく私をのりこえてゆく生徒達と訓練する幸福を如何にして把むことができたかを示そうと思う。私の考えている感情の表現効果のよってきたるところは、プレリュードや作品のメロディーが要求する性格に従った音のセサシオン cêssation〔中断〕とシュスパンシオン suspension〔ほんの少しのおくれ〕の適時な使用である。この二つの装飾は、それらが対照されることによって、耳に不確実な感じを与えるが、弦楽器が音量を大きくしていく様な所では、クラヴサンのシュスパンシオンは、〔反対の効果によって〕耳に望みどおりの印象を与える様である。

私のクラヴサン曲集第一巻の巻末に附した装飾表の中で、私は、すでに、音価と休止を通じてアスピラシオン aspiration〔音の短縮〕とシュスパンシオンを説明したが、しかし、私が、今、述べた考えは、〔簡潔ではあるが〕柔軟な感受性をそなえている人にとっては、無益なものではないと思う。この二つの名称〔シュスパンシオンとアスピラシオン〕は、きっと新奇な感じを与えることであろう。しかし、誰かこの装飾の片方あるいは両方をも既に使ったことがあるのだと自慢する人がいるとしても、私がこの二種類の装飾にその効果にふさわしい名前をつけるきっかけをつくったということを悪くとる人はないと思う。それに、私の意見では、私たちは、クラヴサン演奏のように高い評価をうけてもいれば、又世に広く行なわれてもいる技術にたずさわっている以上、互いに理解しあったほうがよいと思う。

アスピラシオンの表現効果について言えば、その記号が上についている音符は、おだやかでゆっくりした曲では、軽くて速い曲に於けるように、スタッカートを強調してひいてはならない。

シュスパンシオンについては、おだやかでゆっくりした曲以外にこれを用いてはならない。この装飾記号のついた音符の前にある休止の長さは、演奏者の好みにしたがう。

演奏に用いられる装飾

一般的に言って、パンセ・ドゥブル pincé-double、ポール・ドゥ・ヴォワ・ドゥブル port-de-voix-double, 及び、トランブルマンの長さを決定するものは、その音符の価値でなければならない。

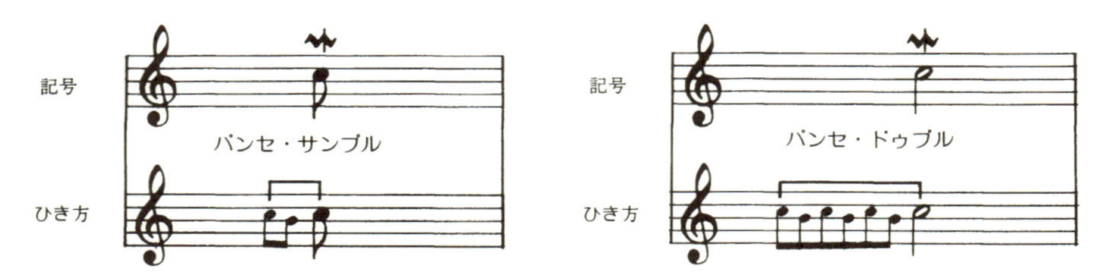

パンセは、いずれも、その記号が上についている音符で始められる。そして、私の言っていることをわかりやすくするために、ポワン・ダレ point-d'arêt という用語を用いるが、これは下の例に小さい星のマークをつけて示した。この例を見ればわかるように、バットマン battement〔交互反復〕及び、その最後の音は、すべて主音符の価値の中に含まれなければならない。

オルガンやクラヴサン演奏の際のパンセ・ドゥブルは、弦楽器のトレモロにあたる。

連続する数個のパンセの段階的順次進行を同じ音の上で指をかえながらレガートでひく技法

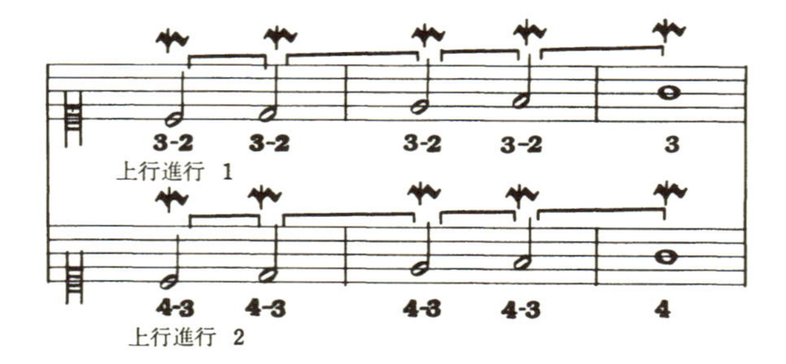

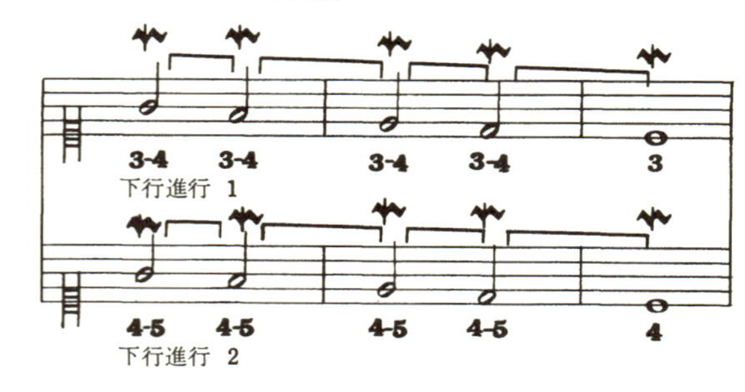

連続されたパンセを左手でひく同じような技法

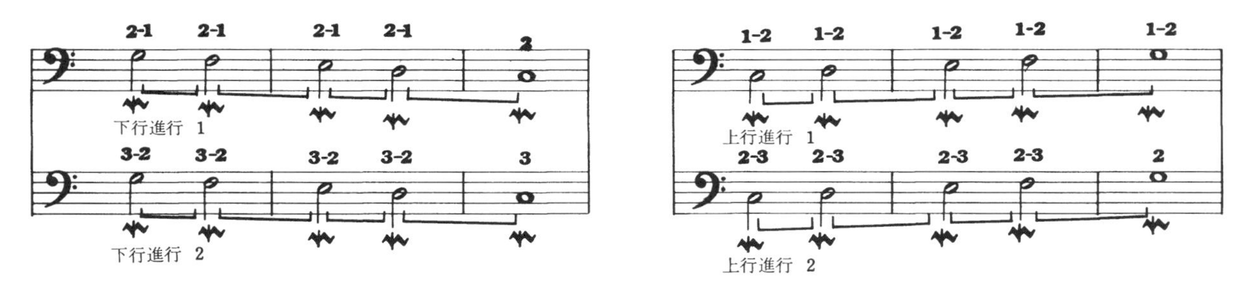

私が曲集の の記号の 所に書いたシャープやフラットは、不必要なものではない。私の意志に反して、これらがしばしばとりちがえて演奏されることがあるのだから尚更である。

ポール・ドゥ・ヴォワは、二個の主音符と一個の小さい補助音符とから成っている。私は、フィンガリングに関して二つの技法があることを発見したが、私の意見では、その内の一方は、他方よりもすぐれている。
次の譜例では、ポール・ドゥ・ヴォワの主音符を小さな×印で示した。

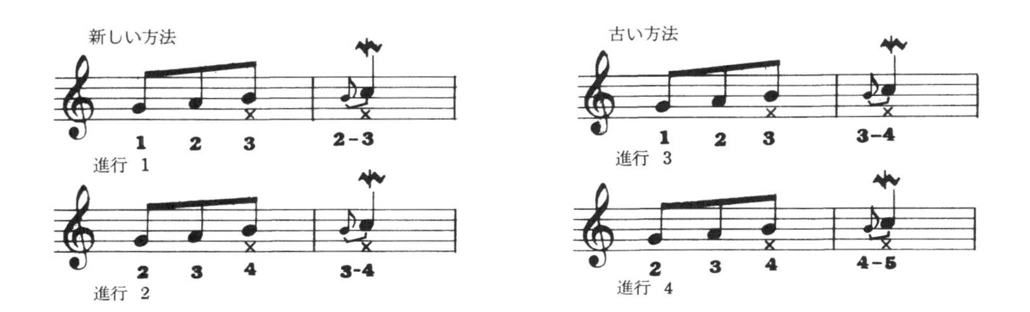

私は、片方の手が二つの別々のパートを演奏しなければならない場合以外は、古い演奏法を認めない。その様な場合、特に、パートが互に離れている場合、又、メロディーが下行していく場合には、演奏が非常に困難になるからである。

新しいスタイルのポール・ドゥ・ヴォワ奏法を採用する理由

第3進行の場合の3の指、及び、第4進行の場合の4の指は、小さい補助音符をひくために小節の中の最後の8分音符から移動しなければならないので、第1進行及び第2進行の場合のように、レガートを完璧の域に近づけることができない。第1進行の場合には、3の指は2の指と、又、第2進行の場合には4の指は3の指と、おきかえられやすい。こゝで問題になっている二つのバットマンが同じ一本の指で演奏されたか、又、二本のちがった指で演奏されたかを、演奏者の手を見ずに区別することができることを、私は経験によってたしかめた。私の生徒達も、私同様、これを聞きわけることができる。私は、このことから、今述べた事実には、真理が含まれているという結論を得たが、その真理は、大多数の人々の感覚によって証明されるのである。

ポール・ドゥ・ヴォワ、又は、クレ coulé の小さい補助音符は、和音と同時に弾かなければならない。という意味は、次にくる主音の音価に含まれるものとして、ひかなければならないということである。

すべての指を使ってトランブルマンの練習をさせることは、若い人達に非常にためになることである。しかし、それができるかどうかは、生れつきの素質によるし、又、ある指の方が他の指よりもよく動いたり、力があったりする人がいるので、こういった練習を取り入れるかどうかは先生の選択にまかせた方がよい。

もっともよく使われる右手のトランブルマンは、右手では 3 と 2 の指、4 と 3 の指で、左手では、1 と 2 の指、2 と 3 の指で演奏される。

私のクラヴサン曲集第一巻の装飾表の中では、トランブルマンが等価の音符で示されているが、しかし、トランブルマンは、終りより始めの方がゆっくりと演奏されなければならない。尤も、その速さの推移は、聞きわけられる程であってはいけない。

どの音符の上にトランブルマンの印がついていても、いつでも、その音符の全音又は半音上からひきはじめなければならない。

ある程度長い音価を持ったトランブルマンは、演奏すると一つのまとまりになって聞える三つの要素から成り立っている。

1. 主音符のすぐ上の音符から作られるラ・ピュイ L'appuy〔やどり、とどまり、ひっかかり〕 2. バットマン〔交互反復〕
3. ポワン・ダレ〔停止点〕

これ以外の〔もっと短い〕トランブルマンは、任意に演奏してよい。中には、アピュイをもつものもあるし、非常に短くてアピュイも、ポワン・ダレもないものもある。さらには、トランブルマンをアスピラシオンのように演奏することもできるのである。

演奏の際に用いられるこの他の装飾については、私は、読者に、私のクラヴサン曲集第一巻の74頁と75頁を参照されるよう指示しておく。そこには、装飾が十分くわしく説明してある。〔巻末装飾表参照〕

私のクラヴサン曲集の中の〔フィンガリングのむずかしい〕パッセージに関して、私が以下に記す注意の中で、装飾について再説したり、同じ言葉を繰り返すといったことがあるかも知れない。そういうことがあっても、それは、また別の進歩を図るが故にそうしているので、私は話を簡明にするよりも、そうすることによって得られる利益の方を高く評価しているのである。

私のクラヴサン曲集のための小予備練習に移る前に注意することは、トランブルマン、パンセ、ポール・ドゥ・ヴォワ、バトリ、そして、パッセージを先ず非常にゆっくりと練習すること、曲の練習にはどんなに念を入れても入れすぎるということはありえないということである。すべての規則を厳格に守って、後掲の性格の異なる 6 曲を演奏すれば、他の同じような曲もたくさん演奏できるようになるであろう。やたらとたくさんひきあさると、〔特に若い人達の場合〕混乱が起き、それを除くのに大変な苦労がいる。

両親や、子供の監督者は、いらいらすることが少なければ少ないほど、又、〔その人物について選択よろしきを得たという確信があれば〕子供の先生を信頼していればいるほどよい。そして有能な先生も、生徒を甘やかすことが少ないほどよい結果が得られるであろう。

手の形をきめるための展開、又は、小練習

これらの進行は、すべての調で練習しなければならない。

7度の進行

オクターブの進行

シャープとフラットのついた調のためのやさしい奏法

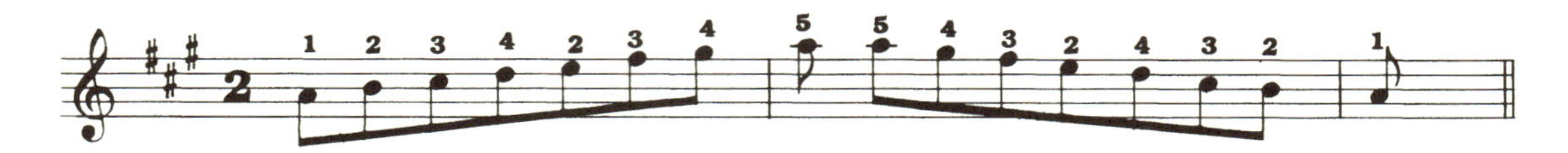

3度重音を連続して演奏する古い方法

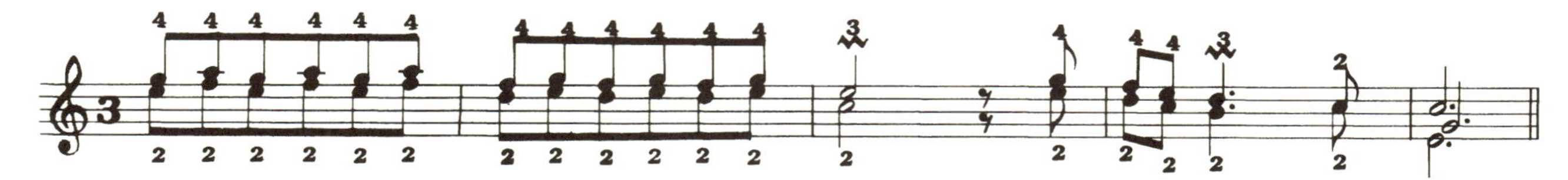

この古い奏法では、レガートをつけることができない。以下が正しい奏法である。

同じ3度にレガートをつけて演奏するための新しい奏法

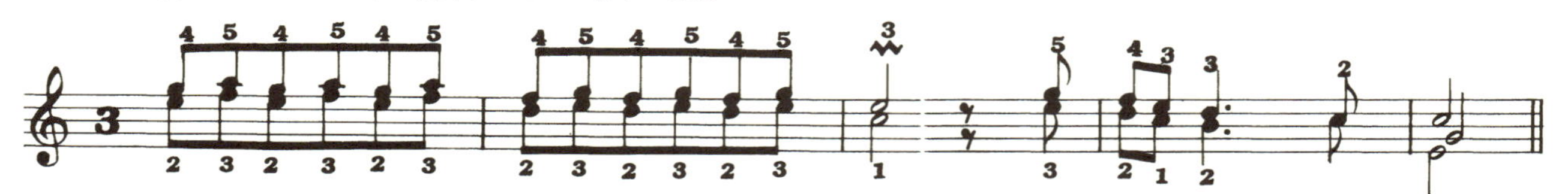

私は、すべてのよきものの中心であるパリに、旧来の原理を頑固に墨守している人々などほとんど存在しないと確信している。しかし、私は、今日まで、よい奏法について書いてある教則本をまだ目にしたことがないし、この本にしたところで、何時、誰の目にとまるかも知れないので、私は、いかなることも省くべきではないと考えた次第である。

スラーされた3度進行の別の例

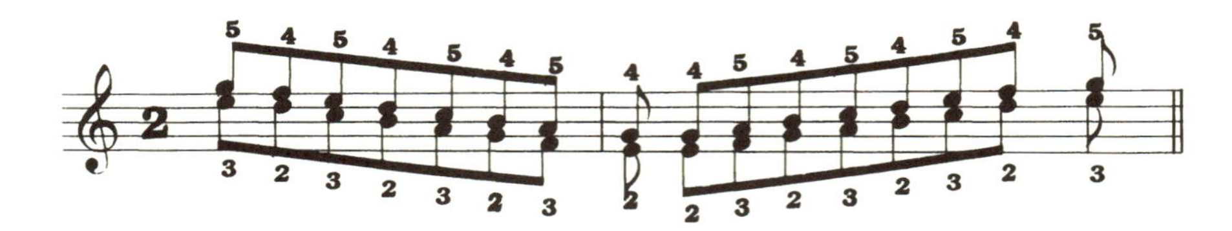

この現代風のスラーつき３度進行について、私は、簡単に述べておき度いのであるが、ある日、さる若い婦人に、このスラーつきの３度進行を練習させている時、同じ手で、二つのトランブルマンを同時にひかせようとした。恵まれた才能、すばらしい手、そして、練習を通して身につけたすぐれた熟練によって、彼女は、実に、二つのトランブルマンを全くむらなくひくことができたのである。私は、この婦人が、今、どこで、どうしているのか知らない。だが、実際、この程度の熟練に達すれば、豊かな装飾によって演奏を飾ることができるであろう。私は、それから後、ある一人の男性〔それも、大変熟練した演奏家〕が、同じものを弾くのを聞いたことがあるが、彼がそれを始めたのがすでに遅すぎる年令であったにせよ、その人の例は、私がそのような演奏を自分の思う通りにひけるようになるために苦しい修業を始めてもよいと思うだけの勇気を私に与えてはくれなかった。私は、たゞ、若い人達に、早い機会にその練習を始めるよう警告するに止めておこう。もし、そうしたことが習慣化されたとしても、既に作曲された曲の大部分に差し障りが生ずるとは思われない。というのは、問題があるにしても、それは、〔あるパッセージに於て〕３度の２番目の音にも、最初の音が既に示しているようなトランブルマンをつけ加えるということでしかないからである。

同一音符上で、かえ指でトリルを連続する法

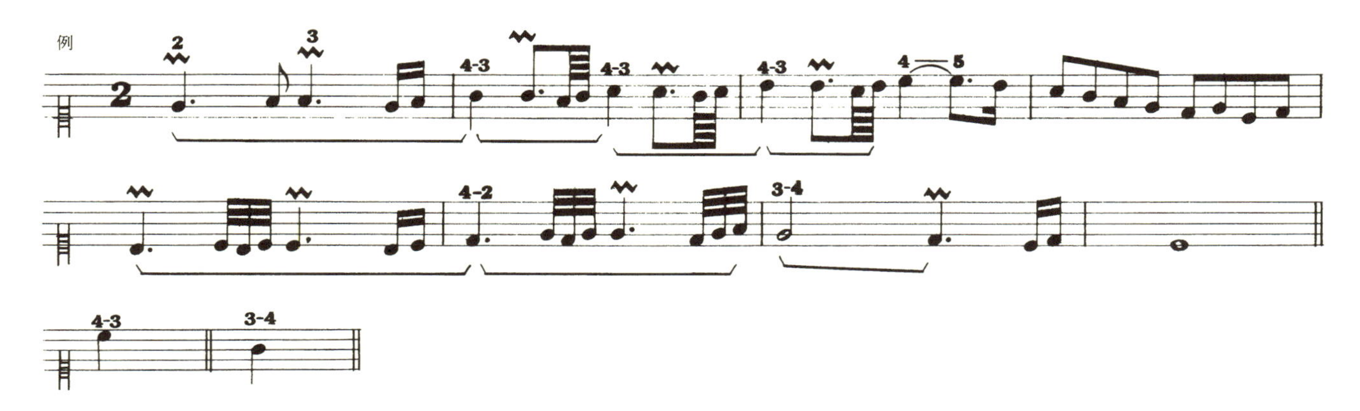

同一音符の上に記された二つの数字が、指の交換を示しているが、そこには次のような区別がある。即ち、大きな数字が先に書いてある場合には、後に上行が続くことを示し、反対に、小さい数字が先に書いてある場合には、後に下行がくることを示している。

左手のための３度の進行

同じ進行をこれ以外の調でも練習すること。

バトリについては、後で簡単に説明する。

7度の進行

若い人達を教える人は、音程、調、それらの完全終止と半終止、和声、通奏低音の知識を、だんだんと教えるようにするとよいであろう。こうすることによって、一種の位置感覚が養われる。その感覚は彼等に確実性を与え、間違えた時にもあわてずになおすのに役に立つ。

後で触れると前に約束しておいたが、その起源がソナーデ〔イタリアのソナタ〕にあるバトリ又はアルペジオに関して アドバイスすることは、クラヴサンでひく場合には、その量を、ある程度、制限した方がよいということである。ヴァイオリンに固有の性格があるように、この楽器にも固有の性格がある。なるほど、クラヴサンはその音を大きくすることができないし、同一の音符においてバットマンを繰り返すこともクラヴサンには必ずしもふさわしい技法ではないが、しかし、この楽器には、また、別の利点がある。即ち、正確さ、明確さ、輝かしさ、そして、音域がそれである。それ故に、ソナーデの速い部分を折にふれてとり上げ、そして、レントの部分は避けるという中庸の道を選ぶべきである。なぜならば、こういうレントの部分のバスは、リュート的で、そして、シンコペーされた動きを好むクラヴサンの行き方にすんなり結びつくことが出来ないからである。しかし乍ら、フランス人には、自分たちが他の国民よりずっと理解していると思いこんでいる正しさというものを犠牲にしても新しいものにとびつきたがる習性がある。要するに、我々は、最初からクラヴサンのために書かれた曲は、それ以外の曲よりも、常にクラヴサンに適しているという事実に関しては、意見の一致をみなければならないのである。しかし、ソナーデ の中の軽快な部分には、クラヴサンで演奏するのに、とても適したものがあるというのもまた事実である。例えば、次のアルマンドのように、上声部とバスが絶えず動いているようなものがそうしたものの例である。

技術の点で凡庸な演奏家がソナーデに愛着する理由は、装飾が、とりわけ、バトリにほとんど用いられていないということである。しかし、その結果は、どうだろう！　これらの演奏家達は、永久に真のクラヴサン曲を演奏することができなくなってしまうのである。これに反して、まず最初にクラヴサン曲を立派に演奏した人達は、ソナーデを完全にひきこなしているのである。

私の２巻のクラヴサン曲集の中にあるはっきりしないパッセージに対して、どんな指づかいをすべきかという注意に移る前に、フランスのムーヴマンについて、そしてイタリアのムーヴマンとの違いについて、一言述べておくことは無駄ではないと思う。私に言わせれば、我々の音楽を記す方法には、言葉を表記する方法にあるのと軌を一にする欠点がある。つまり、我々は、 実際の演奏とかけはなれた記譜を行っているのである。 我々が外国人の音楽を演奏するのに比べて外国人が我々の音楽を演奏するのが下手なのは、そのせいなのである。反対に、イタリア人たちは、自分たちが考えた通りに正しい音価で音楽を書いている。例えば、我々は、数個の順次進行の８分音符を、付点がついているように演奏するが、これを書くとなると、同じ音価のものとして書く。我々は習慣にしばられ、それを守っているのである。

矛盾の原因検討

私は、 ムジュール mesure が 所謂 カダンス cadence とか、ムーヴマン mouvement とか呼ばれるものと混同されているのに気がつく。ムジュール は 拍の数と拍の均等さを決定するが、カダンスはそれに結びつくべき精神（エスプリ）と魂である。イタリア人のソナーデの中にこのようなカダンスを見ることは殆んどない。しかし、我々のヴァイオリンのアリア、クラヴサンヴィオール等の曲は、すべて、なんらかの感情を表現しょうとしているし、また、そのように見える。ところが、我々は、我々の特定の理念を伝達するための記号や印を考案しなかったので、曲の初めに〝やさしく〟とか〝速く〟というような言葉を記して伝えたいと思う理念を幾分かでも暗示することによって切り抜けようと試みる。誰か、外国の人のために我々の言葉を翻訳し、その優秀性が分るようにしてあげるための労をいとわぬ人がいないであろうか。

優しい曲調の作品をクラヴサンで演奏する場合、クラヴサンの音はあまり持続しないので、他の楽器で演奏する場合ほどゆっくり演奏しない方がよい。その場合でも、カダンスや趣味は、そこに生ずる遅さの変化というものに関係なく守られる。

この論文を終えるに当って、私は、私のクラヴサン曲集の完全な演奏を目ざしている人達に一つの忠告を与えたいと思う。

伴奏を習い始めるのは、二、三年の修練をつんだ後にした方がよいということである。私がそう言うのには然るべき根拠があってのことである。第一に、旋律的な進行をもった通奏低音を左手でクラヴサン曲をひく時と同じようにうまくひくことが必要になるから、あらかじめクラヴサン曲をとても上手にひきこなすことができなければならないということ。第二に演奏の場合、右手は、もっぱら和音をひくことにしか使われないので、右手は、その柔軟性をうばいかねない筋肉の緊張状態に常におかれることになる。従って、まず習得しなければならないことは、こうした障害を予防してくれるような曲でなければならないということである。そして最後に、曲集の冒頭の曲をひき始める人は、ともすると猛烈な勢いではじめるためタッチが堅くなったり、しばしば重くなったりするが、クラヴサン曲と伴奏とを交互に練習しない限り、演奏にもその影響があらわれる危険をまぬかれないということである。

もしも、伴奏と独奏の何れか一方を選んで完成させなければならないという問題があるとすれば、私は、自尊心から、伴奏よりも独奏の方を選んでしまうと思う。私は、よき通奏低音奏者であること程、楽しいことは何もないし、それ以上に我々を他人と緊密に結びつけるものは何もないことを認める。それなのに、なんと不公平なことだろう。コンサートに於て、伴奏者がほめられるのは一番最後である。コンサートなどの機会におけるクラヴサンの伴奏は、全体を支えているにも拘らず、それについては殆んど誰一人として語る者のない大きな建物の土台としかみなされていないのである。 これに反して、曲の中でぬきんでている人は聴衆の注目と喝采を一身に集めることができるのである。

クラヴサンを弾く人は、何よりも楽器の状態にデリケートでなければならず、ジャックの爪の調子にはいつも留意していなければならない。私は、こういうことに無関心でいられる人達がいることを知っているが、その理由は、彼等は楽器が何であれ、一人残らず、悪い演奏をしているからである。

* 訳注：J.J.ルッソーは、カダンスについて次のように説明している。
“カダンスとは良い音楽の特性で、演奏者と聴衆に、拍子の生き生きとした感じを与え、その結果、彼等は、何も考えることなく言わば本能的に、拍子をとり、その拍子が主題と合致するのを感ずる。”

私のクラヴサン曲集第一巻の中の、フィンガリングのむずかしいパッセージ

〝ラ・ミロルディーヌ〟 La Milordine　第 3 譜表中、第 2 、及び第 3 小節　　（本書 ***44*** ページに全曲掲載）

同じ曲、第 9 及び第10譜表中、第 1 、第 2 及び第 3 小節

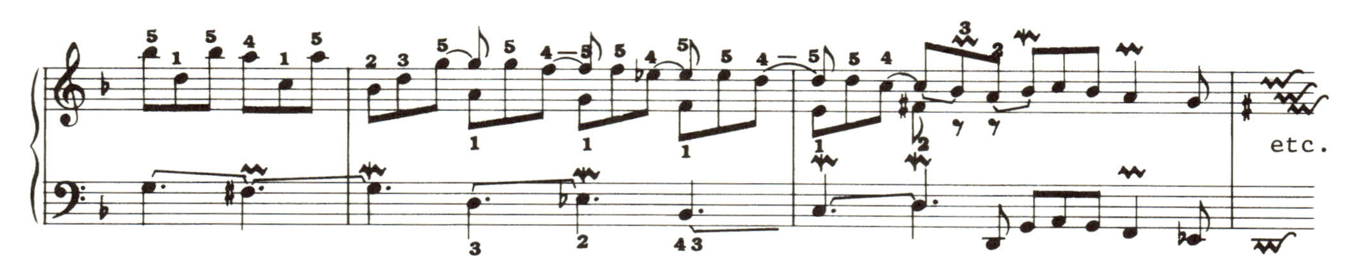

この指の交換が如何にスムーズな演奏を可能にしているかに注目すること。しかし、この方が古い奏法よりずっと熟練を要するという人がいるかも知れない。私もそれを認める。

〝レ・シルヴァン〟 Les Silvains　第 2 声部、第 1 譜表中、第 4 小節　　（本書 ***46*** ページに全曲掲載）

この 4 連音符のうち、バスに対して真の和音を形づくるのは、第 2 と第 4 の音符であるから、それらは、あたかも、メロディーが単純であって中間の音符など存在しないかのように同じ指で演奏しなければならない。その例は、次の通りである。

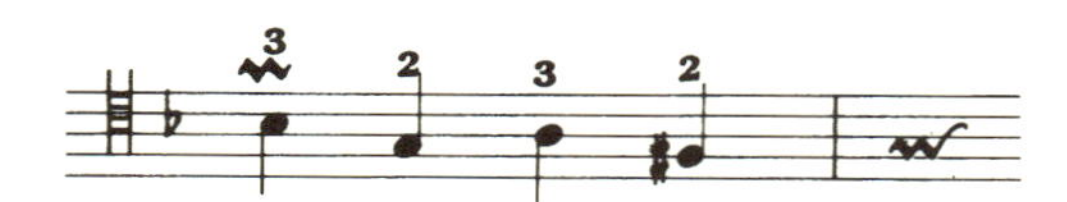

同じ様な所ではこれと同じに弾く。

第 7 及び第 8 譜表のアルペジオ

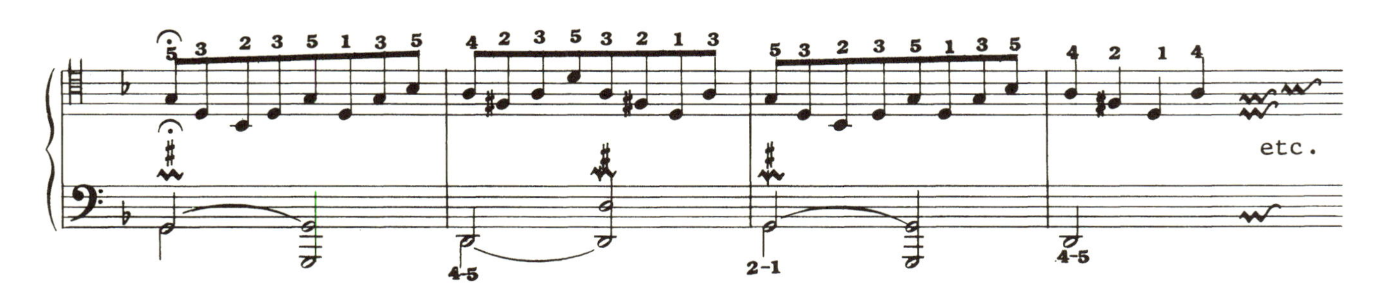

〝レジデー・ユレーズ〞 Les Idées heureuse 第 3 及び第 4 譜表 （本書 *49* ページに全曲掲載）

次は、同じ曲の大きな繰リ返しの部分、第 5 及び第 6 譜表中、最後の 2 小節と、第 7 及び第 8 譜表中、第 1 及び第 2 小節

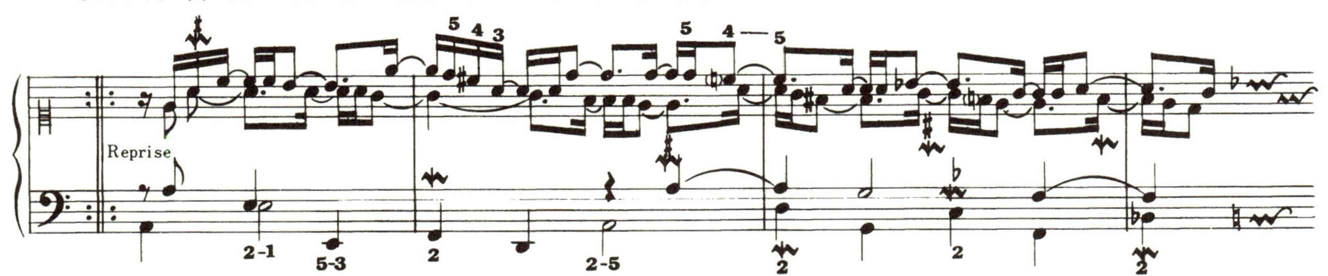

この曲の中には、他にも二三とてもむずかしい箇所があるが、前にフィンガリングを記した箇所が、その他の箇所にも役に立つであろう。

〝クーラント〞 第 9 譜表中最終小節と第11譜表中最初の 2 小節 （本書 *52* ページに全曲掲載）

〝クーラント〟の中に、4の指と5の指を交換する同じようなパッセージがある。

〝ラ・ヴィレール〟La Villers, 第13譜表全部

（本書 *54* ページに全曲掲載）

私のクラヴサン曲集第一巻の最後の曲〝レ・ゾンド〟 Les Ondes を演奏するには、大体右手の指すべてに関する正しいフィンガリングの知識が必要であるが、私は、上声部の大部分、更に正確に言うならば、メロディーの大部分を記すだけにとどめた。

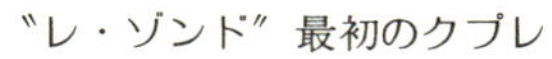

〝レ・ゾンド〟最初のクプレ

（本書 *56* ページに全曲掲載）

第2のクプレ

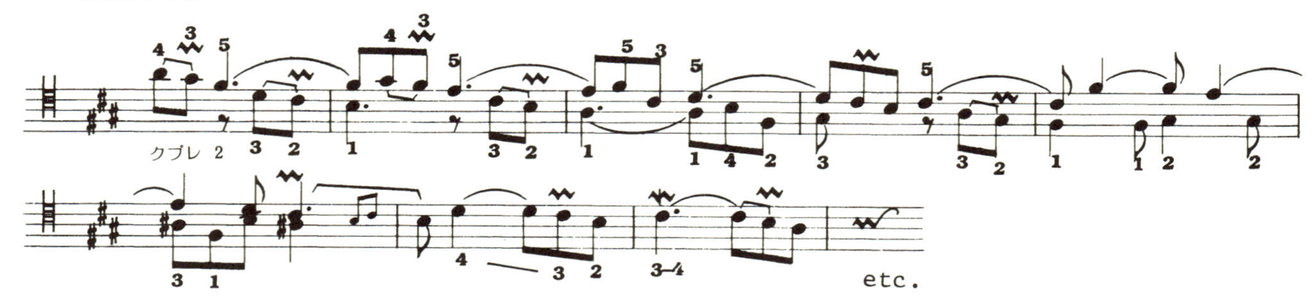

次のクプレでは、連続する2つの音符の最初の音符にアスピラシオンが付されている場合、又は、第2の音符が拍の最後の部分に含まれている場合には、この2つを同じ指で演奏できるということが理解できるであろう。

第3のクプレ

第4のクプレ

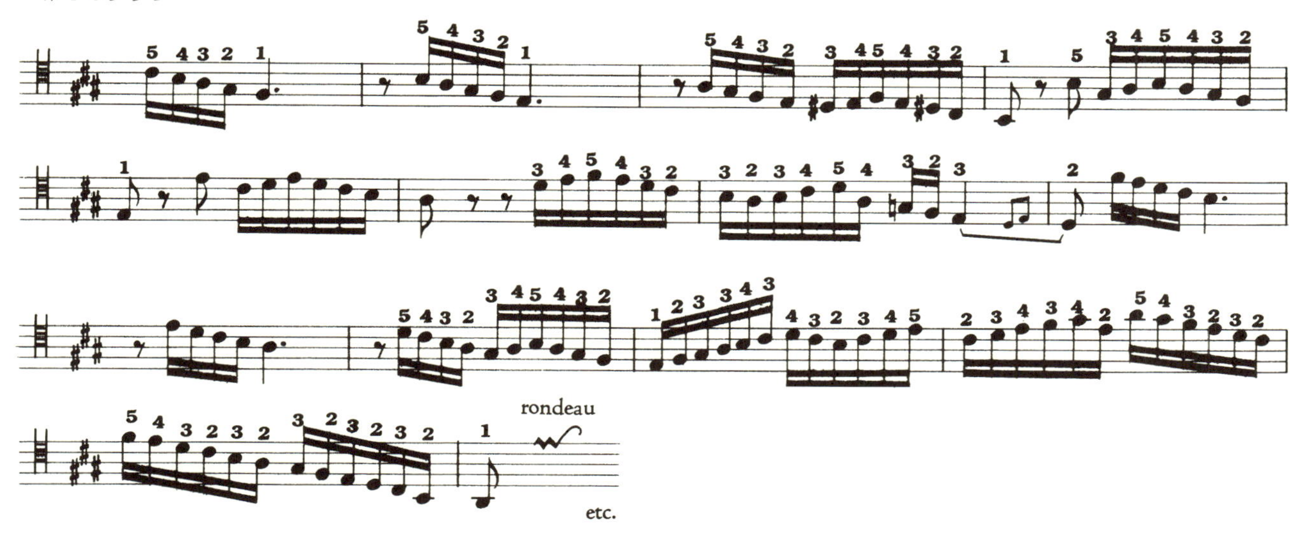

クラヴサン曲集第一巻に対する注意終リ。

丁度出版されたばかりのクラヴサン曲集〔第二巻〕に対する注意は、次のプレリュードの後に記すことにする。

私は、クラヴサン曲集第一巻のみならず、丁度出版されたばかりの第二巻の調を用いて次の8つのプレリュードを作曲した。クラヴサンを学ぶ女学生たちは、ほとんどすべて、習いはじめに教わった小さいプレリュードしか知らないということに気がついたからである。これらのプレリュードは、これから演奏しょうとする曲集の調整を受け入れやすい形で示しているというだけでなく、指をリラックスさせるのにも、また、しばしばそれで一度もひいたことのない楽譜をためすのにも役に立つ。

これらのプレリュードの最初の4曲はどんな年令の人にも役に立つが、まったく年令の低い人達には、幾分音程の低い和音のすべての音符をあまり厳密にひけない時でも大目に見てやるべきである。しかし、どこでそれを選ぶかは、先生にまかせることにしたい。

Prelude I

Prelude 2

3-5
3-4
3
4
3-1
4
3-4
3
1
4
5
4-5
3
5 4-5
(b)
(b)
2 1 2
3-5
1 2 3 3 4
3 2 1
5
4
5 4 3 3
2
2-1
2-1
4-1
(#) 3-5
4-5

Prelude 3

Prélude 4
＊訳注：クープランは連鉤を六本にしている。

Prelude 5

＊ 訳注：原譜では *c*♯ 、何かのショート・オクターヴ音とも考えられないし、HHの誤りと判断されるのでそのように訂正した。

Prelude 6

✢～✢この間区、高音部でキーの足りない楽器で弾く場合は、一オクターブ下げるとよい。

注意

これらのプレリュードは、一應、拍子を指示して書いてあるが、それにも拘らず、従うべき習慣の命ずるスタイルというものが存在する。もう少し詳しく説明しよう。プレリュードとは、自由に作曲されるものであって、その中では、想像力は自分の前に現れる一切のものをほしいまゝにする。しかし、瞬時のうちに創造することができる天才がまれである以上、本書のような非即興的なプレリュードに頼る人は、自由な、やさしいスタイルで演奏すべきであり、私が特に mesuré という言葉で拍子を指示していない限り、あまりに厳密に拍子に固執しすぎてはならない。従って、数あるものの中でも、音楽は、〔文学に似て〕自らの散文と韻文をもつと、敢て言うことができるかも知れない。
私が拍子を定めてこれらのプレリュードを書いた理由の一つは、教える場合にも、習う場合にも、そうした方がやり易いということである。

終りにあたって、クラヴサン 演奏の一般的な注意を二、三述べておこう。クラヴサンに適したスタイルを決して捨ててはならないというのが私の持論である。指に可能な範囲の速いパッセージやバトリを、そして、リュートの曲を髣髴させるシンコペーションの付いた曲をテヌートの多い曲やピッチの低い音の多い曲より優先すべきである。クラヴサンでひく曲はすべて、完全なレガートを保たなければならない。装飾はすべて非常に正確でなければならない。バットマンから成る装飾はむらなく演奏しなければならず、音の高まりは気がつかないようでなければならない。テンポがきまっている曲ではテンポを変えないよう、又、音価以上に音をのばさないように充分注意しなければならない。要するに、演奏のスタイルを古いものより比較にならないほど純粋な今日の良い趣味に合うようにすべきである。
別のプレリュードに移ろう。

Prelude 7

(♯)
Fin.

Prelude 8

Fin.

私のクラヴサン曲集第二巻の中の、フィンガリングのはっきりしないパッセージ

Reprise
〝ジーグ〞Gigne　第 6 譜表
（本書 68 ページに全曲掲載）
etc.
同じ曲の第三譜表
etc.
〝パッサカリア〞 Passacaille　第11譜表中、最終小節及び33頁、第 1 譜表
（本書 70 ページに全曲掲載）
クプレ 3
etc.
第 7 譜表中、 4 番目のクプレの終りまで
etc.

同じ曲中、7番目のクプレ

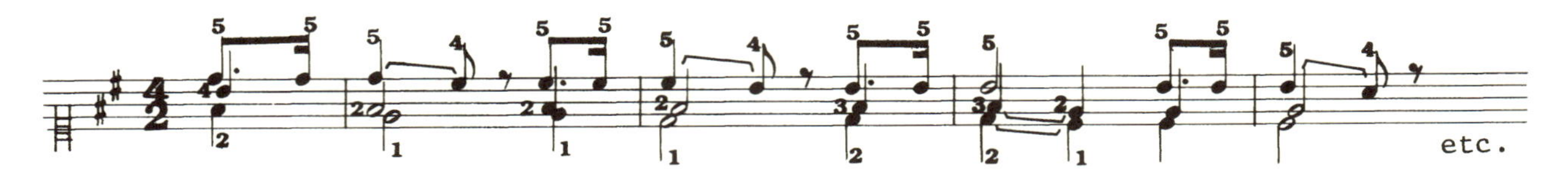

これに続く部分もほぼ同様に。

〝レ・シャルム〞 Les Charmes 右手全部　　（本書 *76* ページに全曲掲載）

同じパッセージには、同じフィンガリングを用いる。

〝ラ・トリオンファント〞 La Triompahante 第2部中、第3及び第5譜表　　（本書 *78* ページに全曲掲載）

2番目のパートのフィンガリングも、最初のパートのフィンガリングと同じように注意しなければならない。

上記と同じ曲中、第 1 及び第 2 譜表、これに続くもう一つのパッセージでも同じフィンガリング。

〝ラマゾン〟 L'Amazon の冒頭

（本書 *83* ページに全曲掲載）

同じ曲中、第 9 譜表

〝レ・グラース・ナテュレル Les Graces-Naturéles 中 2 番目のパート

（本書 *84* ページに全曲掲載））

〝ラ・ゼノビ〟 La Zenobie の冒頭

（本書 *86* ページに全曲掲載）

この曲の繰り返し部分の非常によく似たパッセージでも同じフィンガリング

〝レ・ジュメル〟 Les Juméles の冒頭

（本書 *89* ページに全曲掲載）

上記の 2 つのパンセは、なんらかの方法で目立たないようにしなければならない。下声部のパートに記されたテヌートをできるだけ保つことが必要であるから、なおさらそうしなければならない。

〝ラトランタ〟 L' Atalante の繰り返し中、第 2 譜表

（本書 *92* ページに全曲掲載）

第３譜表中、第４小節

第10及び最終譜表

〔おわり〕

クラヴサン曲集 第一巻 より

Gigue

La Milordine

Gracieusement et légérement

8
10
13
16
18
1.
2.

Premiére Partie
Les Silvains
Majestueusement, sans lenteut
Rondeau
Rondeau
1.
2.
1er Couplet
4
9
14
19

24
2e Couplet
29
34
39
44
Rondeau
49

Seconde Partie

Les Idées Heureuses

9
11
13
15
17

19
21
23
25
27

Courante

Premiére Partie
La Villers
Gracieusement
6
12
17
23
28

Seconde Partie
Un peu plus vivement

Les Ondes

Gracieusement, san leneure
Rondeau
Premier Couplet
Rondeau

2e Couplet
26
31
Rondeau
37
3e Couplet
43
48
Rondeau
54

4e Couplet
60
64
68
72
Rondeau
78

クラヴサン曲集 第二巻 より

Les Bergeries

13
Reprise du Rondeau
16
1.
2.
2e Couplet
19
1.
2.
Rondeau
22
25
1.

3e Couplet
Rondeau

〔1717年版"クラヴサン奏法"Secondo Preludeより〕

Le Moucheron

13
16
19
22
25

Allemande

L'Ausoniéne

24
30
35
40
46
1.
2.

Gigue

29
34
39
43
48
52
1.
2.

Passacaille

Rondeau
3e Couplet

Rondeau
4e Couplet
Rondeau

86
5e Couplet
Mouvement marqué
92
99
107
Rondeau
113
6e Couplet

119
125
130
Rondeau
136
142
7e Couplet

148
Rondeau
154
8e Couplet
159
163
Rondeau
169

Première Partie
Les Charmes
Luthé et lié (mesuré, san lenteur)

Seconde Partie

qu'il faut doigter avec les memes Précautions que la première

Premiére Partie da capo

La Triomphante

Seconde Partie

Allégresse des Vainqueurs

(Rondeau)
2e Couplet

(Rondeau)
3e Couplet

91
95
99
104
109

L'Amazône

Suite de La Bontems

Les Graces-Natureles

21
25
30
34
38

La Zénobie

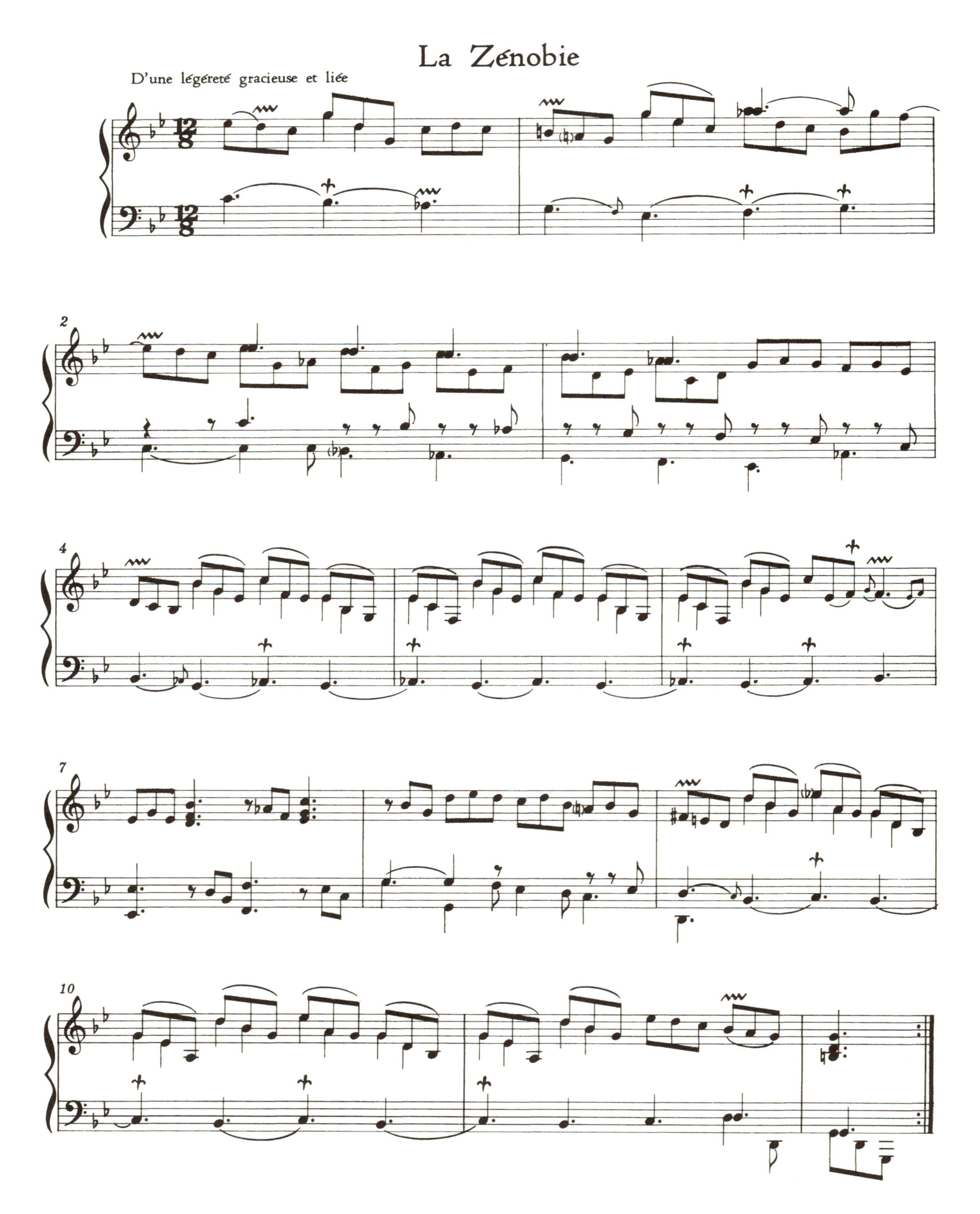
D'une légéreté gracieuse et liée

13
15
18
21
24

27
30
33
36
38

Premiére Partie
Affectueusemement
Les Jumeles

Seconde Partie
MINEUR

L'Atalante

Très légèrement

25
30
34
38
42
46

クープラン　装飾とその記号の説明

Explication des Agrémens, et des Signes

Arpègement, en montant.
Effet.
Pincés, diésés, et Bémolisés.
Effet.
Effet.
Effet.
Arpegement, en descendant
Effet.
Pincé = continu.
Effet.
Coulés, dont les points marquent que la seconde notte de chaque tems doit être plus appuyée.
Tr.
Tremblement continu.
Effet.
Les Notes quarées ne servent que lorsque les Clavecins sont au ravalement par en bas.
Signes pour la fin des Rondeaux, et de leurs Couplets.
Tierce = coulée, en montant.
Effet.
Tierce = coulée en descendant.
Effet.
Doublé.
Doublé.
Effet.
Effet.
Signe.
Signe.
Aspiration.
Effet.
Effet.
Unisson.
Cette barre | marque que lorsqu'il se rencontre que la même notte est ecritte dans la main droite, et dans la main gauche (ce qui suppose un Unisson) il faut que l'une, et l'autre main touchent la notte comme cy-dessus
Signe.
Suspension.
Effet

訳者略歴

1959年　東京芸術大学楽理科卒業。オーストリー、モーツァルテウム・チェンバロ科卒業。チェンバロ奏者、楽器研究家。東京芸術大学、上野学園大学にて教鞭をとる。1974年、1977年にルツェルン、ヨーロッパ各地の音楽祭に出演。東京バロック音楽協会、東京アカデミカーアンサンブル同人。

訳書　G. フロッチャー「バロック音楽の演奏習慣—バロック音楽の楽典」
H. P. シュミッツ「バロック音楽の装飾法—譜例による器楽及び声楽の演奏習慣」
エタ・ハリッヒ＝シュナイダー「チェンバロの演奏法」— 技法・様式・史料 —
ゲオルク・フィリップ・テレマン「通奏低音の練習」— 歌いながら、弾きながら —
ミシェル・ドゥ・サンランベール「チェンバロ演奏の原則」

クラヴサン奏法

著　者　フランソワ・クープラン
訳　者　山田 貢
発　行　1978年5月
発行者　南谷周三郎
発行所　株式会社シンフォニア
東京都中央区日本橋蛎殻町1-30-4
〒103-0014 TEL (03) 3669-4966

不良品はお取り替えいたします